《王大伟反恐避险手册》

系列丛书

王大伟 著

突发危险怎么办

王大伟教你的50招避险诀窍

暴恐/劫机/地震/水灾火灾/自杀

抢劫/车祸/女孩安全/绑架

中国人民公安大学出版社

· 北京 ·

图书在版编目（CIP）数据

突发危险怎么办：王大伟教你的 50 招避险诀窍 / 王大伟著．-- 北京 ：中国人民公安大学出版社，2014.5

ISBN 978-7-5653-1772-9

Ⅰ．①突… Ⅱ．①王… Ⅲ．①自救互救－基本知识 Ⅳ．① X4

中国版本图书馆 CIP 数据核字 (2014) 第 107436 号

突发危险怎么办

——王大伟教你的50招避险诀窍

王大伟 著

出版发行：中国人民公安大学出版社
地　　址：北京市西城区木樨地南里
邮政编码：100038
经　　销：新华书店
印　　刷：香河利华文化发展有限公司

版　　次：2014 年 6 月第 1 版
印　　次：2020 年 5 月第 4 次
印　　张：2.875
开　　本：850 毫米 ×1168 毫米　1/32
字　　数：36.8 千字

书　　号：ISBN 978-7-5653-1772-9
定　　价：15.00 元

网　　址：www.cppsup.com.cn　www.porclub.com.cn
电子邮箱：zbs@cppsup.com　zbs@cppsu.edu.cn

营销中心电话：010-83903254
读者服务部电话（门市）：010-83903257
警官读者俱乐部电话（网购、邮购）：010-83903253
公安业务分社电话：010-83905672

index 目录

第一章 恐怖袭击

1.认真观察，警惕危险

火车站，汽车站，
小心观察避危险。
手持砍刀戴蒙面，
马上离开快报案。

案例

认真分析近期发生的多起严重暴力恐怖案件现场所带来的经验教训，发现在现场有很多逃生成功的案例，例如，有父母抱着孩子逃过一劫的；有人民警察舍生忘死保护群众的；有丢弃行李躲到候车室的大柱子后面的；有跑向远处招待所的……由于现场的自救自助使他们逃过了一劫。

统计与实验：英国对快速反应的再认识

西方第三次警务革命叫警察现代化，它以快速反应为标志。但警察现代化并没有从根本上降低发案率，所以，第四次警务革命应运而生，叫作社区警务。它强调防范的重要性，而不是单纯的快速反应。

学点理论：“警之于先，察之于后。”

警察不仅仅是事后打击，更要主动防范。事后打击叫被动反应警务论，而事先防范叫主动先发警务论。

王大伟提示

一旦发现可疑的人或事，马上离开。

2.公共场所安全四看

先看出口在哪边，
二看小偷老鼠眼。
三看挤踏向后退，
四看包裹藏危险。

案例

许多学校的校长都知道，带学生外出参加活动，要先看出口，寻找危险，如果不这样做，面对突发事件就会束手无策。克拉玛依大火很多学生遇难，主要的教训是逃生不利。孩子平安大于天。

统计与实验：危险多在欢乐时

恐怖袭击和突发事件多发生于欢乐的氛围或节假日。如英国的地铁系列爆炸案，就是发生在英国申奥成功之后，大家都沉浸在喜悦之中时。

学点理论："警惕性公式"

当我们对一个环境越熟悉，对一个人越尊重时，警惕性就越低。

王大伟提示

去公共场所，看出口、看小偷、看拥挤人流，看可疑爆炸物。先找到安全出口，如果发现人多，秩序混乱，就应立即离场，严防盗窃、踩踏等犯罪侵害与突发事件的发生。

3.果断逃生

发现坏人转身跑，
丢掉行李拼命逃，
隐蔽空间找人少，
跑到警察身后好。

案例

福建南屏校园暴力案件留下的教训是十分深刻的。很多孩子不会拔腿逃生，甚至迎着犯罪分子的面跑过去，惨遭毒手。

统计与实验：很多人不会跑

实践证明，在突发事件面前，约有 30% 的中小学生不会拔腿就跑，甚至有的吓呆了。

学点理论："妇幼逃生第一原则"

在突发事件面前，妇女、儿童的首要任务是逃生。警察、军人应救助群众，要优先救助未成年人。

王大伟提示

逃生时要与坏人行进的相反方向转身跑，丢掉行李，寻找隐蔽空间、逃向人少的方向。如果人民警察在现场，一定会指导疏散，保护群众。

4.发现可疑物品怎么办

孤立包裹不打开，
不用脚踢不能摔。
记住地方可报警，
不要害怕快跑开。

案例

我国南方有一起汽车爆炸案，一位乘客突然下车，把包落在椅子上，其他乘客并没有感觉到危险，恰恰这个包中装着炸弹。

统计与实验：土造炸弹的原理

世界恐怖主义袭击产生了新的特点，就是爆炸装置平民化，例如，用喷发胶做炸药，以照相机的纽扣电池为发火装置。

学点理论："安全好习惯"

在英国，由于长期与恐怖分子斗争，许多人都养成了不触摸陌生包裹的习惯。

王大伟提示

在英国的飞机场上，有巨大醒目的提示警语："如果发现炸弹，一不害怕，二不触摸，三快离开。"

5.遇到爆炸怎么办

听到爆炸趴下来，
弯腰捂嘴快离开。
人潮向东我向西，
桥梁栏杆躲避开。

案例

爆炸是恐怖主义的惯用手段。世界上有名的恐怖主义爆炸案有洛克比空难、伦敦地铁系列爆炸案等。

统计与实验：踩踏死伤

世界上有很多突发事件，会产生踩踏的次生伤害。

学点理论："踩踏时空分布"

时间：欢乐的时节，狂欢的场面，节日的氛围。

地点：体育场馆，音乐会场，桥洞，入口拥挤处等。

王大伟提示

为防止踩踏，不要扎堆，躲开人流。但一旦进入人流，切勿逆行。

6.恐怖分子是魔鬼

恐怖分子是魔鬼，
随机杀人像土匪。
敏感时间搞爆炸。
地标建筑他要毁。

案例

撞击天安门金水桥栏杆案、昆明火车站所发生的严重暴力恐怖事件都是恐怖袭击。

统计与实验："恐慌袭击时空特点"

时间：节假日，欢庆日。

空间：著名地标建筑，人多拥挤的地方，如火车站、飞机上、大型群众活动场所等。

学点理论："恐怖主义三大特点"

一是目标特点：暴力行为的直接目标往往不是其主要

目标。在威胁与暴力之后，隐蔽着主攻目标。主攻目标就是制造恐怖气氛。恐怖主义和一般刑事犯罪最大的区别在于，恐怖主义的杀戮是随机实施的，它不针对某一个具体的人，而是逢人就杀，无论是妇女和儿童都难逃其罪恶的魔爪。而一般的刑事犯罪，比如说仇杀，它所针对的是犯罪分子自己的仇人，这是两者之间的本质区别。

二是时间特点：选择一些重要的时间段，比如说，美国的“9•11 爆炸案”，911 就是美国的报警电话。比如说，英国的地铁系列恐怖袭击，就是在英国申办奥运会成功之后，全国人民都沉浸在喜悦之中时。

三是空间特点：一般选择地标性建筑，比如，美国的双子大楼等。昆明火车站暴力恐怖袭击，选择的袭击对象是火车站。火车站是明显的地标建筑，同时又聚集了大量的人，如果在火车站实施恐怖袭击将会造成很大的恐惧。

王大伟提示

在敏感的时间、空间要提高防范的警惕性。

第二章 | 飞机安全

1.小孩乘飞机

小宝宝，还很小，
坐飞机，爱哭闹，
小手不断挠耳朵，
心中一定很烦躁。

案例

每次坐飞机，都会看见小孩会哭闹，尤其是降落时，很多小朋友挠耳朵，可能是耳朵痛。

统计与实验：六成孩子乘机哭闹

有长期乘坐飞机经历的人都会感到，在飞机的起降过程中，很多婴儿会产生哭闹。

学点理论：四慎飞

选机票，有诀窍。躲开子夜免疲劳。暴雨台风咱慎飞，高危地区少去好。（警之于先，察之于后。防范最重要。）人皆议空难后怎么自救，防范其实更重要。北京老太说：刀伤药好，不如手不刺口。“婴儿、孕妇、老人慎飞。”

王大伟提示

（1）尽量避免夜间航班与恶劣天气，宁误勿飞。（2）选择可靠公司，一般大飞机安全。（3）既要相信飞行安全，又要慎飞。（4）婴儿、孕妇、老人尤其少飞。

2.大家心里真着急

777，大飞机，
飞到东来飞到西，
忽然一夜不见了，
大家心里真着急。

案例

马航 MH370 的失联，震撼着全体中国人民的心灵，机上乘客的命运让人揪心和牵挂。

统计与实验："逃生口六排原则"

据统计，距逃生口六排以内的乘客逃生的几率较大。

学点理论："危险十三分钟"

飞机起飞时的六分钟与降落时的七分钟，这两段时间总称为"危险十三分钟"，这时飞行事故的概率高。

王大伟提示

客机安全诀：(1) 座位距紧急出口六排以内安全。(2) 起飞 6 分钟，下降 7 分钟为危险 13 分钟，要系安全带。(3) 火灾时，用浸湿的毛巾捂住口鼻。(4) 逃跑不带行李。

3.机上预警

上飞机，仔细瞅。
裤子有烟冒火苗，
头上冒汗发异味，
老上厕所发怪叫。

案例

美国有一个恐怖分子，妄图劫持飞机，在裤衩里放了自制的炸弹。上了飞机以后，炸弹冒烟，他后六排的一位先生勇敢地走上去，痛打恐怖分子，避免了一次劫机事件。

统计与实验："惊魂十二小时"

英国八月十号反劫机案，被称为人类反恐的里程碑。从英国飞向美国的十架飞机上，都被恐怖分子装上了炸弹，巴基斯坦情报部门事先知道了这次袭击，通知了英国军情五处和六处，在十二小时之内，将几十名恐怖分子抓获。

学点理论："机上预警"（西方危险预测）

特殊航班的特殊犯罪。某乘客长时间在厕所中。机舱尤其是厕所有异味（汽油味、工业用料味）。某乘客经常入厕（带包进入洗手间，无正当理由且坚持的）。乘客经常从行李箱中找东西。飞机其他部位发现可疑人的。紧急出口阻挡。机舱、行李舱出现奇怪遗弃物品。座椅背面书报袋中有奇异遗失物或异常声响的。

王大伟提示

要相信飞机的安全性。在飞机上发现异常状况，是每个乘客的职责，军人、警察身份的乘客，应该是旅途中的义务安全员。

第三章 汽车安全

1. 女性雨天城市驾车口诀

有雨留在家里边，
暴雨减速回家转，
高速路上快下来，
找个高地停路边。
立交桥要绕着走，
宁走辅路不争先。
积水小心不横穿，
水中陷阱多危难。
水过车轮先开门，
弃车逃跑躲危险。
胆小才能换命大，
自救有效求人难。

案例

大家都记得前几年北京的那场大雨，几十个北京市民在暴雨和洪水中丧生。

统计与实验："七十辆车逃生记"

在北京那场百年不遇的暴雨中，京港澳高速公路上有七八十辆车被遗弃，司机果断弃车，保全了生命。

学点理论："半个车轮原则"

当积水漫过半个车轮时，就要果断地弃车逃生。

王大伟提示

千万不要在暴雨中开车。

2. 汽车不是小宫殿

汽车不是小宫殿，
孩子不能忘里边。
夏天中暑冬天寒，
遇到窃贼最危险！

案例

爸爸妈妈去买东西，把两个月的孩子独自放在汽车上，连车钥匙也没拔，回来车被盗，一天后车找到了，可孩子却被残忍地杀害，埋在雪中。

统计与实验：“一路危险，要有预案”

这些年，校车引发的悲剧不是少数。从上车到下车，一路上有很多危险。有的在路上经过工地，学生被钢筋扎伤，有的下车时没有清点人数，孩子被遗留在车上被冻死或被热死。

学点理论：婴儿乘车八项注意

（1）警惕盗车盗婴。（2）勿系安全带（易勒婴儿脖子）。（3）勿让孩子独坐后排。（4）不把孩子单独放车内。（5）勿让孩子围着车玩。（6）勿面向前坐车（西方婴儿安全座椅一般面向后）。（7）用高质量安全座椅。（8）普通坐垫不能代替儿童专用坐垫。

王大伟提示

汽车有许多危险。千万别把孩子一人留在车内。爸爸妈妈应更加小心，保护孩子，小事做起。可怜天下父母心。

3.九门提督歌

上车随手锁车门，车窗惯常开小缝。
下车随手锁车门，拉上一拉要确认。
加油洗车锁车门，车上财物要随身。
有人拍车不开门，小小事故要留神。
有人假摔慎开门，车旁同伙还有人。
车胎漏气慎开门，必有小偷在附近。
夜晚停车慎开门，僻静之处藏坏人。
只要简单看好门，谁想害你就没门。

案例

这些年汽车抢劫案、凶杀案、机动车碰瓷案，时有发生。

统计与实验："贴封条要反抗"

如果遇到车内的绑架案，当犯罪分子往你嘴上贴封条时，如果鼻和嘴都被封条封住，一定要坚决反抗，使封条留有缝隙，否则很快就会窒息死亡。

学点理论："情景预防"

"情景预防"是犯罪学的一个名词。它是指犯罪分子在作案时，要寻找易犯罪的机会。小偷偷你、骗子骗你，很可能都源于你的疏忽。

王大伟提示

犯罪分子选择的目标主要是单身驾车的女性。由于许多女性上车时没有锁车门的习惯，加上女性遇抢时容易惊慌失措，给了抢包者机会和胆量。针对此类案情特点，女性司机单人驾车时，应该养成锁车门和关车窗的好习惯。女性司机很喜欢把所有值钱的东西都放在一个包里，尽量不要将贵重物品随手放在副驾驶座位上或者车前台上。如遇到有陌生人拍车门，可以从反光镜里看看车辆右侧是否有可疑人靠近，不要轻易探出头或下车与陌生人谈话。夜晚偏僻处不要随意停车。夜间停车，应停在有路灯或有灯光的地方，司机暂时离开汽车，即使时间短也要锁好车门关好车窗玻璃。手机、手包之类千万别放在副驾驶座位上或醒目位置。要养成上车随手锁车门的习惯。

4.有人拍车不开门

有人拍车不开门，
小小事故要留神。
叫来警察先验伤，
私了要钱都没门。

案例

现在社会上有拉车门碰瓷的。车到了十字路口减速时，就听见有人咚咚咚敲车门。司机回头一看，有一辆自行车躺在路边，司机赶紧开门，开门的过程中，旁边埋伏的人就拉开其他车门，把副驾驶座位或后座上的包迅速拽走，这就是碰瓷儿和抢劫相结合。

统计与实验：很多人选择破财免灾

大约六成出租汽车司机在遇到机动车“碰瓷”时，都会选择破财免灾，即给犯罪分子少量的钱也不报案。

学点理论：“碰瓷”

“碰瓷”是旧社会的一种丑恶现象。它源于明清年间，一般是在车站码头拿一瓶酒假装被游客碰掉，讹诈钱财。这种丑恶现象现在又死灰复燃，例如，机动车“碰瓷”就是新花样。

王大伟提示

单身驾车的女性上了车以后，四门落锁，遇到敲门，慎重开门。

第四章 突发事件

1.遇到险情有预案

遇到险情有预案，
先救人，后疏散。
互相包扎顺序走，
优先救助未成年。

案例

英国伦敦地铁发生的系列爆炸案虽然造成了一定的伤亡，但并没有产生踩踏等二次伤害。伦敦市民在爆炸中互相包扎伤口、扶老携幼，有序地离开地铁，这都源于他们日常的平安演习。

统计与实验："疏散演习"

在英国和美国，中小学生每年都要进行应对突发事件的疏散和演习。

学点理论："危机警务"

危机警务，即用警务方式化解危机。它是公安机关在其职能范围内，针对一系列公共安全威胁，特别是社会震荡导致的冲突型危机，所采取的各项有关危机的预防、处理、恢复的警务工作模式和措施的总和。

王大伟提示

发生突发事件时，救助生命为第一要义。在突发事件中，首先是逃生，然后是救援。事后救助的顺序是：第一救人，第二疏散、第三报警、第四保护现场。尽可能帮助孩子、老人、妇女。突发事件要优先救未成年人。并非每一个人都是高尚的，但如果有一个偶然的机会你能帮助别人，千万不要让高尚与你擦肩而过。

2.春节外出安全

正月十五月儿圆，
赛灯舞狮跑旱船，
拥挤焰火少向前，
儿孙不让离身边。

案例

偶过一桥，友人停车介绍，这是XX桥。多年前，正月十五观灯，桥上拥挤百余人，一人摔倒，踩踏成灾，几十人死伤。

统计与实验

“一年有三次犯罪高峰”。

学点理论：

犯罪月历

1月警示：1月本是绿色月，外出乘车防扒盗；节日外出带好娃，预防诈骗要警觉。

2月警示：2月新春较平安，年前早把欠债还；庙会灯节少向前，儿孙不让离身边。

3月警示：春暖花开三月三，防止火灾记心间；春雷一响害虫醒，各类案件向上翻。

4月至7月警示：初夏外出保平安，各类案件往上窜；老板谨防抢与骗，女孩警惕色与奸。

8 月警示：8 月慎防性侵犯，暴露衣裙应少穿；盛夏之夜危险大，观念预防记心间。

9 月至 10 月警示：秋风刮起不平安，侵财侵人双发案；强暴风波才下去，盗窃高峰又重现。

11 月至 12 月警示：年底侵财到峰颠，外出尽量少带钱；手护提包防“两抢”，与人交往防诈骗。

王大伟提示

中国古人说："过桥须下马（防止马失前蹄，落水），有路莫行船（旱路比水路安全）。"讲的是小心驶得万年船。春节外出，一防焰火，二防踩踏，三防走失。外出观灯、看社火、跑旱船勿忘安全。小孩要有专人看管。

3.先放下稀饭再拉孩子

小猴子，找麻烦，
猴妈妈，有预案。
放下稀饭拉孩子，
危机不乱稳如山。

案例

妈妈一手端着一碗稀饭，另一手领着儿子，儿子绊了一下摔倒了，妈妈的第一反应大多是去拉儿子，“咣”，这一碗稀饭便扣到儿子脑袋上了。

统计与实验：“扣在头上的稀饭”

妈妈一手拉孩子，另一手端着稀饭，当孩子突然摔倒的时候，很多妈妈会先去扶孩子，结果热稀饭扣在孩子的头上。

学点理论：“三十秒发呆期”

母亲带孩子，如遇到意外变故，或者突发事件，允许有三十秒的发呆期，冷静一下再做决定。

王大伟提示

当孩子遇到了突发事件的时候，妈妈该怎么办呢？“先放下稀饭再拉孩子。”家里一旦发生突发事件，允许静下来想一想，理出个头绪来，再去处理事情。

第五章 劫持走失

1.人质逃生术

多听多看记心间，
要吃要喝足睡眠，
争取同情适度谈，
学会留下小标记，
拔腿就跑要果断。

案例

一个小男孩被劫持到汽车上，他想到奶奶的一句话“平时不惹事，有事不怕事”。他先要喝水，又要吃饭，还和犯罪分子拉家常，问犯罪分子有没有孩子，最后感动了劫持者，劫持者把他放了。

统计与实验：“三个逃生时间段”

如果把劫持的过程分成三个阶段的话：阶段A，实施劫持的瞬间，这时逃生的机率有35%；阶段B，在运输途中，这时的逃生机率很小；阶段C，在拘禁过程中，逃生的机率大概10%。所以警察建议，最佳的逃生时间是在被劫持的开始阶段。

学点理论：“三级预防理论”

预防犯罪和预防疾病一样，也分为犯罪未发生前预防，犯罪发生中的应对，以及犯罪发生后的救助。

王大伟提示

遇到劫持危险的时候，大概有这么几招。斗智斗勇智为先，要孩子们主要斗智。多听多看记心间，对走到哪儿了，大概在什么方位，心里要有数。听见什么看见什么，自己要记住，但是不要说出来。拔腿就跑要果断。现在有好多孩子不会跑，家长要教孩子一有风吹草动，马上找机会赶紧跑出去。

2.母子动手做身份识别卡

小猴子，骑红马，
母子做个身份卡。
十指指纹印卡上，
每个小猴不一样。

案例

小男孩上学，上汽车后坐在售票员旁边。往靠椅上一靠就睡着了。车开到了终点站，售票员推了一下小男孩，孩子没反应，哐当一声倒在地上，已经死了很久。小男孩有心脏病，上了车更难受，车一路颠簸，猝死了。

统计与实验："头发与指纹"

揪两根孩子的头发。一定要带发根的那种，保存起来就是保存了孩子的 DNA。

学点理论："滴血认亲"

中国古代有一本很有名的法医著作，叫作《洗冤录》，提出了滴血认亲的假设。它认为有血缘关系的人，如父与子，血是不相凝的。这虽然在今天看来是不科学的，但它却首次提出了有血缘关系的人与人之间血液有可能存在某种联系的假设。

王大伟提示

别忘给孩子做身份识别卡，交班主任。(1)遇突发事件、犯罪侵害时可用指纹、DNA 辨别身份；(2)遇突发事件标明疾病、过敏史，便于急救；(3)遇到意外时，由血型决定快速急救输血；(4)遇突发事件火速通知家长；(5)防止儿童走失。

3.学会留下小标记

遇到危险掉进坑，
手里有啥往外扔，
书包手套或眼镜，
爸爸妈妈认得清。

案例

在欧洲，如果不慎掉到雪坑里，赶快把雨伞或书包扔出去。后面有人路过，一看这儿有把雨伞，虽然他看不到人，但看到旁边都是雪，就会去挖雪找人。这就叫学会留下个人的标记。

统计与实验："危机五秒钟"

在你掉进一个坑的时候，从感觉到掉下去，大概有四五秒，这就叫作"危机五秒钟"，这时一定要把手里的东西扔出去，如书包和眼镜，这叫作留下个人标记。

学点理论："瑞典登山队技能"

瑞典登山队员在掉到雪坑里的时候，要把手中的冰镐扔出去，这就告诉后边的队员"我在这里出事了"。

王大伟提示

学会留下小标记。在遇到危险时，身上有什么东西掏出来一扔，后面追赶的爸爸还有警察就会顺着线索找过来。

4.防走失拐骗歌

你拍一，我拍一，
出门穿件大红衣。
你拍二，我拍二，
不吃生人羊肉串儿。
你拍三，我拍三，
妈妈电话记心间。
你拍四，我拍四，
问我叫啥没名字。
你拍五，我拍五，
拔腿就跑小老虎。
你拍六，我拍六，
找到警察会求救。
你拍七，我拍七，
人多拥挤咱不去。
你拍八，我拍八，
自己做个身份卡。
你拍九，我拍九，
生人叫我我不走。
你拍十，我拍十，
回家的路我认识。
小朋友快乐平安！

案例

每年走失和被拐卖的儿童不是个案。一个家庭如果孩子被拐卖，就会造成家破人亡的悲剧。

统计与实验："八成孩子跟陌生人走"

中央电视台曾经多次做过街头实验：用食物，如棒棒糖或欺骗性语言带孩子走，约有八成的孩子都会经不住诱惑，跟陌生人走。如果遇到坏人，后果严重。

学点理论："社区警务理论"

第四次警务革命叫作"社区警务革命"。它的核心理念是产生犯罪的根源在社会，抑制犯罪的主力军是人民群众。孩子的安全不仅靠警察，更要依靠家长和孩子自己。

王大伟提示

不和陌生人说话，不吃陌生人的食物。

5.街道门牌要记牢

清晨太阳升在东，
夜里马勺北斗星。
街道门牌要记清，
会认东南西北中。

案例

有一个三岁的小男孩与爸爸走失，凭着记忆用了四个小时自己找回了家。

统计与实验

很多人不认识东南西北，不会识别北斗星。

学点理论："自警"

自警、自助、自救，是我们预防犯罪侵害的最有效的办法。

王大伟提示

三岁的孩子记住门牌，一般就能找到方位，自己找回家。

孩子在三岁左右的时候，家长就要教他东西南北怎么认。白天教他识别太阳，太阳升起来在东边，太阳落山在西边，中午12点那是正南，孩子要知道这个，就知道方位了。晚上怎么认北斗星：七星北斗赛马勺，在夜幕中非常好认，勺子的边再往前数五倍的距离，就是北极星，北极星的方向就是正北。

有一次我们在伦敦机场，下了飞机，一大群人找不到北。我说你们别害怕，找北斗星呀。很多地方都可以找到北斗星。

6.不和陌生人说话

对不起，不知道，
遇到生人有礼貌。
问我什么都不说，
提防坏人有诀窍。

案例

很多孩子被拐骗都是源于和陌生人说话，所以西方警察教孩子一句很有名的话“不和陌生人说话”(Say no to strangers)。

统计与实验：很多人不会跑

在遇到突发事件的时候，很多孩子会吓呆，不会拔腿就跑，所以家长要教给他们：遇到突发事件，心里数一、二、三，然后拔腿就跑。

学点理论：护子银锁（危险预测）

孩子怎么样才不会丢了呢？我们设计了一个预警表，共三十分。你给自己打打分，如果要是过了 20 分，应该提高警惕了。

“预警表”（超过20分要重点监护）

危险特征	分值
居住地在外来人口集中的地方	5分
居住地点在三环以外，城乡结合部	5分
父母是外来打工人口，无专人照看孩子	5分
父母工作繁忙，从事餐饮、娱乐、发廊等服务行业	5分
孩子小于5岁	5分
孩子没有固定可靠的人照看	5分

王大伟提示

过去孩子一生下来，往往起个名字叫锁柱，就是要把孩子锁起来，希望他不丢。

7.找不到家时找警察

小花猫，小花猫，
找不到家咪咪叫。
东找西找找什么，
找到警察把手招。

案例

有困难找警察，孩子走失了也要找警察。这是很多妈妈教给孩子的行之有效的话。

统计与实验：警察与保安的区别

平时带孩子出去玩，要注意让孩子识别警服，识别警察与保安的区别。

学点理论："战士与公仆"

第四次警务革命的核心词叫作"社区警务"，警察不仅是打击犯罪的战士，更是服务于民众的公仆。要告诉孩子，遇到什么困难都可以找警察，不要害怕。全心全意为人民服务是人民警察的根本宗旨。

王大伟提示

有困难找警察。

8.不要“显弱露富”

不与陌生人交谈，
不把财富来显现。
不在半夜进酒店，
不能离开小伙伴。

案例

有个小男孩七岁，经常在楼下的游戏机厅打游戏，言谈话语中流露出家里有钱，结果被游戏机厅老板“绑票”，索价一百万。当父母正在紧张地筹钱时，老板已经将这个孩子残忍地杀害了。因为孩子认识这个老板。

统计与实验：“显弱露富”

被犯罪侵害，多半源于四个字，叫作“显弱露富”。既要严打犯罪，又要自我防护。

学点理论：“远期预防”

什么叫远期预防呢？就是当犯罪还没侵害到我们的时候，要教给孩子们知道，慎重和陌生人说话。西方有一些印刷非常精美的小册子，无不体现的是“以人为本，观念预防”的思路。比如说，女孩子怎么防性骚扰：

第一条，女孩子上街不要戴金项链，为什么呢？先劫财，后劫色。

第二条，后边有人尾随怎么办？当你发现有人疑似尾随，马上走到马路对面，如果那个人也跟着走到马路对面，你就再走回来，如果那个人还跟着回来，这时就可以断定那个人是坏人。怎么办？赶紧撒鸭子逃命吧。你知道他是坏蛋了，逃的时候往哪儿逃，往人多的地方逃，往超市逃、往麦当劳跑，千万别往黑胡同里跑。

王大伟提示

不要显弱不要露富。

第六章 地震逃生

1.地震只有十几秒

地震只有十几秒，
平房拔腿向外跑。
楼房躲在小房间，
厕所厨房桌子角。
暖气木床衣柜边，
近水远火很重要。

案例

1976年唐山大地震，北京也有强烈的震感。有人迅速地从床上跳下来，跑到楼梯上，仅下了两三层楼梯，地震就停止了。而就这短短的十几秒钟，就造成了唐山市几十万人的伤亡。

统计与实验：地震只有十几秒

一般的地震只有十几秒，即使是强烈的地震，也不会延续得太长。

学点理论："三角理论"

现在关于地震时躲藏的位置，有两派在争议，一派认为藏在桌子下面比较安全，而另一派认为这样很可能被落下的房梁砸着。三角理论认为，当地震时，躲在一个可以支撑的物体下，如书架、暖气、衣柜边，形成一个三角形空间，这样就便于逃生了。

地震发生的可能性很小，大

家不必惊慌。破坏性地震从人感觉振动到建筑物被破坏，一般需要几秒到十几秒钟，如果住的是平房，那么你可以迅速跑到门外。如果住的是楼房，千万不要跳楼，暂避到洗手间等空间小的地方。

王大伟提示

有国外研究证明，大地震中，桌子旁边生存的可能大于桌子下面。

2.地震四要

原地藏身不乱跑，
踩踏伤人更难逃。
遇到粉尘捂住嘴，
呛死的人也会少。
找水找食巧呼叫，
急时也可以喝尿。
痛苦唱首英雄歌，
父母一定会找到！

案例

在汶川地震中，很多人被砸在废墟中仍然很镇静，积攒体力，计划用水，甚至有个女孩还在里面打着手电筒看书，由于他们的精神镇定，反而便于体力的支撑，有助于搜救。

统计与实验：很多人不会跑

当地震到来时，许多人被吓傻了，不会逃生；也有的人，惊吓过度，跳楼跳窗，造成不必要的伤害。

学点理论："黄金七十二小时"

地震救援，有“黄金七十二小时”之说。在没有外来人员援救之前，自救是一项与死神争分夺秒的斗争。时间就是生命，从历次大地震的经验得知，地震发生后，一天内扒出的人，救活率可达 80%，第

二天只有30%－40%，时间越长，存活率越低。一旦被埋压后，要做到：

被埋压在废墟下时，至关重要的是不能在精神上发生崩溃，要有勇气和毅力。坚信父母会来救自己。痛苦时，默默唱歌鼓励自己。强烈的求生欲望和充满信心的乐观精神，是自救过程中创造奇迹的强大动力。

被压埋后，注意用湿手巾、衣服或其他布料等捂住口鼻和头部，避免灰尘呛闷发生窒息的危险及意外事故。有一半遇难的人是无伤被呛死的。

被埋压后，要注意观察周围环境，寻找通道，设法爬出去，无法爬出去时，不要大声呼喊，当听到外面有人时，再呼叫，或敲击出声，或拉响报警器向外界传信息求救。无力脱险时，尽量减少体力消耗，寻找食物和水，按10天计划分配，也可接尿饮。想办法与外面救援人员取得联系。

王大伟提示

当地震来临，如果你正在影剧院、体育馆等处，要沉着冷静，特别是当场内断电时，不要乱喊乱叫，更不得乱挤乱拥，应就地蹲下或躲在排椅下，注意避开吊灯、电扇等悬挂物，用皮包等物保护头部。

正在上课的学生，要在老师的指挥下迅速逃离教室。如来不及，则抱头、闭眼，躲在各自的课桌旁边，绝不能乱跑或跳楼。

3.地震快藏桌子边

地震快藏桌子边，
两手抱头团一团。
找吃找水不害怕，
爸爸妈妈会救援。

案例

在汶川地震中，很多中小学生被砸在废墟中，他们坚信，爸爸妈妈会来救助，有的互相鼓励，有的唱歌壮胆，这都增加了生存的几率。

统计与实验

统计证明，良好的心态，必胜的信念与科学地节省水、食物和体力，都是延长生命的保障。

学点理论：地震包

平时，同学们可以和爸爸妈妈一起，做一个地震包，里边有水、手电筒、尖叫报警器、小毛巾和身份识别卡。

王大伟提示

把防地震的小诀窍编成童谣告诉孩子。

第七章｜水火无情

1.火是一只大恶魔

火是一只大恶魔，
千万别去玩与摸。
一不小心咬一口，
手起大包衣服破。

案例

农村有个小学生，爸爸种西瓜，在西瓜地里搭了一个看西瓜棚。晚上吃饭了，小学生到地里叫爸爸吃饭，自己在棚里帮爸爸看西瓜，爸爸走的时候，顺手从外边把西瓜棚的门锁上，小学生在里边写作业，不小心碰翻了油灯，西瓜棚着火了，由于门是锁着的，小孩被活活烧死了。

统计与实验：孩子要防火

每年因火灾而遇难的孩子不在少数，根据统计，一些地方，水火成为儿童意外伤害和死亡的首要因素。

学点理论："七灾八难"

西方警察统计，人一生要遭受三次犯罪侵害，四次意外伤害，叫作七灾八难，而水火是意外伤害中的主要原因。

王大伟提示

每年全国幼儿园、中小学会发生多起火灾事故，多人命丧火场。因此，要让全体学生懂得一句话："火是一只大恶魔。"

2.不玩火柴

不玩火柴不吸烟，
蜡烛蚊香远窗帘。
阳台楼道不放炮，
油灯不放床上边。

案例

有个老爷爷，住在旅店里，抽烟，点燃了被子，自己睡着了也不知道，不仅烧毁了旅店，他自己也被烧死了。

统计与实验

春节燃放鞭炮，会发生很多火灾，其中相当一部分是发生在阳台或者室内，都是燃放鞭炮惹的祸。

学点理论："电梯理论"

逃跑不能乘电梯，这是一个原则，但是，上海发生的一起大火，当火势还没蔓延的时候，很多人是靠电梯逃生的，因此，火灾时能否用电梯要看具体情况，一旦火势蔓延，就千万不要乘电梯。

王大伟提示

七种小心：点燃的蜡烛、蚊香应放在专用的架台上，不能靠近窗帘、蚊帐等可燃物品。到床底、阁楼处找东西时，不要用油灯、蜡烛、打火机等明火照明。不能乱拉电线，随意拆卸电器，用完电器要及时拔掉插销。发现燃气泄漏时，要关紧阀门，打开门窗，不可触动电器开关和使用明火。阳台上、楼道内不能烧纸片，燃放烟花爆竹。吸烟危害健康，学生不要吸烟，躲藏起来吸烟更危险。使用电灯时，灯泡不要接触或靠近可燃物。

3.火灾来了拔腿跑

火灾来了拔腿跑，
弯腰捂嘴向下逃。
逃跑不能乘电梯。
困住挥手大声叫。

案例

许多飞机在空中遇到险情，当紧急降落时，如果乘客不能迅速逃离飞机，很可能被爆炸的飞机伤害，所以，当飞机带险情降落时，乘客一定要迅速逃离飞机，而且跑得离飞机越远越好。

统计与实验："十死七呛"

根据统计，十个被烧死的人中，有七个人是被烟呛死的。

学点理论："生命第一，财产第二"

无论是乘飞机、乘火车还是在家里，遇到火灾险情，要拔腿就跑，千万不要留恋和携带贵重物品。

不入险地，不贪财物。生命是最重要的。千万不要盲目跳楼。火已烧身，切勿惊跑，可就地打滚或用厚重的衣物压灭火苗。发出信号，寻求救援。若所有逃生线路被大火封锁，要立即退回室内，用挥舞衣物、呼叫等方式向外发送求救信号。

4.身上着火怎么办

身上着火不乱叫，
就地打滚衣脱掉。
沙土都可压火苗，
身上浇水更有效。

案例

有两个女实验员，下班时忘了关实验室的煤气。再上班时已是深夜，当她们拉开电灯时，引发了煤气爆炸，实验室内火光冲天，一个女孩慌张着大喊大叫，被烧得面目全非，而另一个女孩，就地打滚逃出火场，毫发未损。

统计与实验

火场上的人如果发现身上着了火，千万不可惊跑，或用手拍打，因为奔跑或拍打时会形成风势，加速氧气的补充，助长火势。

学点理论："一脱、二水、三打滚"

当身上衣服着火时，应赶紧设法脱掉衣服或就地打滚，压灭火苗；能及时跳进水中或让人向身上浇水、喷灭火剂就更有效了。请记住：就地打滚虽狼狈，烈火焚身可免除。

王大伟提示

就地打滚，逃出火场。

5.防止溺水

游泳一定告家长。
跳水潜泳把人伤。
伙伴不见大声嚷，
叫来大人最理想。

案例

在南方的某个水塘，春节的时候，发现六个孩子溺水身亡，却不知道是什么原因。经过警察反复地调查，确认是一个孩子掉进水塘，另外的孩子去救助，结果六个孩子都被淹死了。

统计与实验："多人入水教训"

一个孩子入水，多个孩子救助，最后全部淹死的案例不是少数，十分悲惨。

学点理论："见义巧为"

孩子一旦发现伙伴落水，能救助则救助，如不能救助。应迅速招来大人或报警，有大人帮助打捞，不要盲目救人，这叫作"见义巧为"。

王大伟提示

为了确保游泳安全，防止溺水事故的发生，必须做到以下几点：

1. 不要独自一人外出游泳，更不要到不摸底和不知水情或比较危险且宜发生溺水伤亡事故的地方去游泳。

2. 必须有组织并在老师或熟悉水性的人的带领下去游泳。以便互相照顾。如果集体组织外出游泳，下水前后都要清点人数，并指定救生员做安全保护。

3. 要清楚自己的身体健康状况，要做好下水前的准备。

4. 在游泳中如果突然觉得身体不舒服，如眩晕、恶心、心慌、气短等，要立即上岸休息或呼救。

5. 在游泳中，若小腿或脚部抽筋，千万不要惊慌，可用力蹬腿或做跳跃动作，或用力按摩、拉扯抽筋部位，同时呼叫同伴救助。

第八章 自杀救助

1.男孩能吃千般苦

案例

著名作家安徒生是生在棺材上的。爸爸去世了，妈妈是洗衣工，他唯一的玩具只是一个断了腿的锡兵。在他前进的每一步，都会遇到常人无法克服的困难。他也多次想到自杀，但他毫不气馁，不断奋斗，最终成为世界著名的童话作家。

统计与实验：“五百名人问卷”

1979 年，我在北师大上大学，自费调查了中国当时五百位名人，有画家李苦禅、舞蹈家陈爱莲，结果发现，大多数人都曾经饱受折磨和挫折，有的住过牛棚，有的被批斗过，平均文化只有小学程度，但他们自强不息、发奋图强，终于取得了辉煌的成就。

学点理论：逆境出人才

家贫出孝子，国破识忠臣。家里有很多子女，父母最喜欢的那一个往往不易成才。

王大伟提示

小男孩会遇到许多困难，像考试不及格、失恋、别人误解等。一定要坚强喔。摔倒一百次，爬起一百零一次。

2.女孩能绣万朵花

女孩能绣万朵花，
牡丹出在贫寒家。
生理缺陷不为丑，
考试失败战胜它。
小草秋黄春又发。

案例

唯大英雄能本色，是真才子自风流。美国有个女孩歌手有缺陷，就是两个牙长得大，龇到唇边不好看。每次唱歌的时候，她都要把这两个牙用嘴唇包着。有人说，我给你个忠告，不要想自己的牙，彻底地放松去唱。女孩子听了忠告，就慢慢唱出名了。

统计与实验："女孩要富养"

女孩是穷养还是富养？录法制节目时两个服刑女性与家人见面，哭如泪人。两女均刑期十几年。甲女出官家，娇生惯养，零花钱以万元计；乙女家贫寒，父母管教严，常遭惩戒。故大富大贫者都不对，夸奖与惩戒兼顾施教方可成才。

学点理论："两只船浆"

为什么船有两支船桨？光夸孩子，孩子也不会进步。

有一只小木船下水了，它的名字叫远航。小木船有两支木桨，一支叫幸福，另一支叫痛苦。小木船想，我这一生只要幸福多好啊。

小木船就只划这支幸福桨，划一下，就有一个幸福从天而降，像卡通漫画书、变形金刚、好吃的东西等等，小木船里堆满了幸福。小木船多欢乐啊！可是，小木船只划这支幸福桨，木船就只在原地打转转，根本不能远航。

于是小木船就只划这支痛苦桨，划一下，就有一个痛苦从天而降，像寒冷、饥饿、黑暗、疾病等，小木船里堆满了痛苦。小木船多悲哀啊！可是，小木船只划这支痛苦桨，木船就只在原地打转转，也是根本不能远航。

小木船又试着划一下幸福桨，再划一下痛苦桨。奇迹发生了，小木船飞快地前进，一会就消失在大海尽头了。

这个故事告诉我们，幸福与痛苦是相伴相生的，一个人不可能只有幸福，也不可能只有痛苦，幸福与痛苦相伴相生，才是真正的生活。

王大伟提示

小女孩遇到的困难会更多，像个头长得矮呀、别人很漂亮呀、考试不及格、失恋、别人误解等。记得呀：做不了大树，就做一棵小草，但一定是一棵最快乐的小草喔！

3.救助自杀总的原则

亲人让我帮助你，
放下死念是第一，
人人都有大逆境，
明天生活更美丽。

案例

自杀很多是因为婚恋，有个女大学生和男孩相恋，由于家里不同意而跳楼自杀。死后人们在整理遗物的时候，发现她画了很多美丽的图画，都是身穿婚纱、在婚礼上微笑的场景。

统计与实验

心理学家统计，一部分有成就的人，在一生中都想到过自杀，日本、瑞典、芬兰自杀的比例都偏高一些。分析结果，有的认为是社会竞争压力大，有的认为是冬季过长，有的认为是抑郁症所致。

学点理论：自杀原因

- 婚恋纠纷
- 事业竞争
- 生活平淡
- 工作压力
- 烦恼忧愁
- 为了、财产
- 生理缺陷
- 性格缺陷
- 疾病折磨

王大伟提示

遇到困难和挫折时，一定要战胜它。每个身处逆境的人都要坚信，明天的生活会更加美好。

4.识别自杀的小窍门

遇到大事受冲击，
异常道别似木鸡，
频繁洗澡收行李，
欲言又止还东西。

案例

有个女孩子是农村人，家里很穷，但她却努力地念书，班里丢了一台笔记本电脑，很多人都误以为是她偷的。为了洗清自己，她选择了自杀。自杀前，她归还了向老师、同学所借的书。这一异常举动，引起了班主任老师的警觉，果断地终止了她的自杀行为。

统计与实验：抑郁症与自杀

就像打喷嚏是感冒的症状那样，抑郁症也是自杀的主要症状。

学点理论："洗冤录"的智慧

《洗冤录》里有很多古代法医的智慧，怎么辨别一个人是自杀还是死后被别人吊在房梁上，伪造现场呢？古代人很有智慧，诀窍是如果地上只有一行脚印很有可能是伪造现场，而地上脚印凌乱，倒有可能是真的自杀。因为人在自杀前，会反复犹豫，想很多事情，不可能是只留下一行脚印。

王大伟提示

（1）遇到大事受冲击，比如说，离异、婚恋纠纷、提干等，遇到这些大事，要重点去预防。（2）异常道别似木鸡，正常人的眼睛是滴溜乱转的，如果你看到一个人眼睛跟木鸡似的，凝固了，那你就得注意。（3）频繁洗澡收行李，特别是女孩，洗得干干净净，又收拾行李，要小心她想不开了。（4）欲言又止还东西，过去我欠你什么东西？遇到这个的时候，要提高警惕，向老师汇报。

第九章 | 校园暴力

1.平安人生第一课

身边鲜花多鲜艳，
大灰狼会藏里边。
平安人生第一课，
童谣百首记心间。

案例

学校中存在的犯罪侵害，已不是一起两起。犯罪的种类包括：校园暴力、对学生的性侵害、抢劫、盗窃等刑事犯罪。极少数教师犯罪，也成为一个逐渐引起关注的社会热点。当然，绝大部分的教师和教育工作者都是优秀的，但是极个别的害群之马，也应该引起社会的关注。学校里不仅仅有鲜花，也有大灰狼。

统计与实验

2010 年，短短的五十天时间，全国发生了六起校园突发暴力事件。

安全，是一个严肃而沉重的话题。据调查，全国每年平均每天都有小学生因各种意外死亡，相当于每天有一个班的学生消失。

学点理论："高发空间"

校园突发暴力事件，频发于上学、放学的时间段。高发地点是在学校门口。

> **王大伟提示**
>
> 孩子的生命安全大于天。

2.吉祥三宝

身份卡、报警器，
平安童谣记心里。
吉祥三宝人人有，
人生安全为第一。

案例

有个女孩在澳大利亚上学，她牢记妈妈一句话，就是不要坐男孩的车。半年过去了，她考试考得很好，所以有点兴奋，就坐了一个男孩的车出去玩，就再也没有回来。两个月过去了，人们在水沟里发现了她，尸体已经腐烂了，甚至无法辨认身份。

统计与实验

女子防身器有很多种，如小刀、催泪瓦斯、电警棍，而这些都是杀伤性的，容易被犯罪分子利用伤及自身。所以，最好的防身器是尖叫报警器，它是非杀伤的，被叫作第三代女子防身器。

学点理论：吉祥三宝

中小学生自我防护用具，叫吉祥三宝，里面是：

1．身份识别卡，是澳大利亚警察发明的。卡里面有孩子所有的十指指纹，孩子的DNA，孩子的彩色照片，孩子所有病案记录，血型，爸爸妈妈的手机电话、座机电话等。

2．平安童谣，是中国警察发明的。叫人生第一课，或者叫入学第一课，这里面有100多首童谣，就等于把所有的防范的知识都教给孩子。

3．尖叫报警器，是英国警察发明的。催泪瓦斯是杀伤性武器，不能在孩子手里的，一旦喷到眼睛或面部，皮肤会受到伤害。报警器由两部分组成，一是手电筒，二是尖叫报警器，它是非杀伤性的。把它拉开，一直会叫。大概能叫20分钟，120分贝。这三样就叫吉祥三宝，或者叫平安三宝。

王大伟提示

给孩子做个身份识别卡。

3.儿童护身卡

身份识别小卡片，
十指指纹印上边。
遗传密码保留好，
血型急救保平安。

案例

一个小女孩，在学校参加长跑，跑得特别卖力，终于到了终点，一头栽到地上就再也没有醒来。后来查明原因，她患有先天性心脏病。如果她当时胸前挂一个身份识别卡，上面写明自己的病情，就不会产生这样的悲剧。

统计与实验：指纹与 DNA

人的指纹是终生不变的，DNA 可以检测和识别人的身份，其可信度非常高。因此，指纹和 DNA 是我们身份识别的两大法宝。

学点理论：实操预防犯罪法

英国警察在巡逻时，会发放很多宣传小册子，教老百姓防范技能，这些技能多是实操性的，没有理论，只是叫你去怎么做。这一点值得我们学习。

王大伟提示

儿童护身卡，又叫儿童身份识别卡（澳大利亚警察发明的），包括：

- 孩子彩色照片
- 十指指纹
- 两根头发装袋，测DNA用
- 血型
- 疾病
- 联系电话，爸妈的手机电话
- 个人基本信息
- 座机电话

一式三份：孩子随身带一份，家长保管一份，老师一份。用于地震等突发事件的送医，救助，身份识别，还有儿童走失的报案与寻找。

儿童身份识别卡

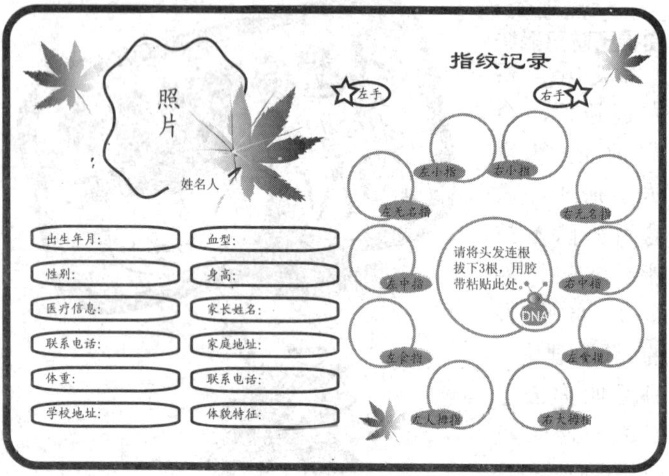

4.尖叫报警器

报警器像小鸭蛋，
夜里打开是手电。
压在瓦砾可呼救，
拉开吓跑大坏蛋！

案例

有个老奶奶，已经八十岁了，儿子送给他一个尖叫报警器。她把它放在枕头上面，儿子问她为什么这样做，她说："如果早上起来中风了，叫别人听不见，一拉报警器别人就听见了。"

统计与实验："尖叫报警器"（英国警察发明的）

地震如果被压在瓦砾中，一拉就可呼救，可响了，有一百分贝呢！

学点理论：三代报警器

这种报警器晚上可以当作手电筒照明，遇到坏人时则能发挥巨大的震慑作用：轻轻一摁按钮，持续 20 分钟的尖叫要么会吓退坏人，要么会引起邻居或路人的注意。

王大伟提示

上夜班的女孩要有一个"尖叫报警器"。

5.校门口遇到歹徒怎么办

上学放学别扎堆（儿），
送进校门再转身（儿）。
遇到歹徒转身跑，
跑到老师身后好。

案例

在美国，有个爸爸，早晨送女儿上学，离校门口还有一百米，让女儿自己进了学校的门，爸爸回头走了几步，突然发现，一辆车从女儿身边疾驰而过，一把把女儿劫持到车上，消失了。爸爸眼睁睁地看着自己的女儿不见了，心里非常难过，后来，这个女孩被坏蛋囚禁了几十年，命运非常悲惨。

统计与实验

在我国南方的某个校园暴力事件中，犯罪分子在五十三秒钟内杀了八个孩子，在这场暴力事件中，很多孩子不会拔腿就跑，甚至有的孩子迎着犯罪分子跑过去，惨遭毒手。

学点理论：手递手原则

就跟玩古董递瓷瓶子似的，递到你手里的时候要问，你拿好了没有？拿好了，那我松手了，这是玩古玩的规矩。孩子可比古玩金贵多了。那么孩子应该怎么送呢？送到学校门口跟老师说，老师您看，这是我们家王小虎，现在送到您手里了，您看好了没有？看好了我再走。很多案件都是孩子送到学校门口了，家长眼看着突然出事了。手递手，就把危险的机率降到最低了。

王大伟提示

上学、放学的时候，作为家长来说要有心防。学校门口堆着好多人的时候，往远处走一走。歹徒是什么心理呢？他是随机地报复社会，看见人越多，他才越下手，你离开扎堆儿，就相对地安全一点。

遇到歹徒转身跑。为什么叫转身跑呢？现在孩子不会转身跑，有的是迎着歹徒跑，竟然有孩子冲向歹徒跑。

最后一句话，跑向老师和保安，你往哪儿跑？哪儿有老师你往哪儿跑，哪儿有保安，你往哪儿跑，不能乱跑。

6.学校不是安全岛

学校不是安全岛，
大灰狼要细查找。
安全距离十几米，
发现危险拔腿跑。

案例

有一个女孩子晚上回家，看见路边停着一辆汽车，她并没在意，当她从车旁边走过的时候，车门突然打开，把她劫持走了，因此，夜间的安全距离是非常重要的。

统计与实验：安全距离

人与人的安全距离是不一样的，女孩子、防御性弱的孩子，安全距离就要大一些。晚上的安全距离就要大于白天。

学点理论：安全矩离

学校与周边地区是侵害孩子的高发区域。告诉孩子安全距离。天黑人少时要与人保持十几米的距离，平时也要与陌生人保持距离，同时尽量靠近父母与老师。

王大伟提示

每个孩子都要学会保持安全距离。

7.家长组成志愿队

家长组成志愿队，
发现隐患要敏锐。
平安童谣送孩子，
防范要诀先背会。

案例

我国南方发生的校园暴力事件，曾经震撼了许多家长的心灵，很多家长自动组织成志愿队接送孩子，保护孩子的安全。

统计与实验

警察现代化的时候，最核心的词叫快速反应。快速反应机制在美国、日本最先进，4 分 20 秒到现场，这种快速反应的机制对学校安全来说有时并不及时，还有一种叫主动先发警务模式，以预防为主。

学点理论：第四次警务革命

对于学校安全，公安机关、学校、家长和孩子这三方面，最重要的是家长和孩子。家长和孩子为一方，不光是家长，还有一个孩子的问题。现在世界进入第四次警务革命，第四次警务革命的核心词是社区警务。社区警务的理念是：产生犯罪的根源在社会，抑制犯罪的主力军是人民群众，警察是重要的方面军。注意，西方人的观点认为警察不是主力军，主力军就是家长、孩子。学校安全的主力军是家长、孩子。

王大伟提示

产生犯罪的根源在社会，抑制犯罪的主力军是人民群众。

第十章 巧对抢劫

1.小鬼当家

一人在家放寒假，
生人敲门不应答。
问路送奶查电表，
决不开门我当家。

案例

坏人敲门。小孩儿问他是干什么的。坏人说是查电表、查水表的。小孩儿说，妈妈说了不让开门。坏人说，好，你不给我开门，我就把你们家的供水给关了。这个孩子还是很有责任心的，心想你不要因为我不开门就把我们家的水给关了。孩子就害怕了，把门给开开了。结果坏人把孩子掐死，把东西抢走了。

统计与实验："六成案件为熟人所为"

犯罪学中有个统计，60%的案件为熟人所为，半熟脸更应该提防。

学点理论："北美城堡理论"

早在五十年前，北美和加拿大，技术预防盛极一时，家家户户都安了闭路电视和报警器，小区也是壁垒森严，这就是北美城堡。但是，犯罪在下降一段时间之后，又迅速上升。可见，北美城堡理论以及技术预防不是万能的，多是治标而不是治本，不能从根本上抑制犯罪。

王大伟提示

妈妈教孩子，说如果有人敲门你就问问是谁。如果说你认识的，你就开门，不认识的就不开门。还有的妈妈聪明一点的，说你一听见是熟人，你再给妈妈打个电话，妈妈同意你再开门，这些做法都不一定好。

应对贼进家门的10种技能：

①欺骗——无中生有，坏蛋是可以欺骗的，告诉坏蛋，爸爸马上要回来带我去看病。

②逃跑——走为上计，坏蛋进门，你就拔腿向外跑。

③装死——死去活来，如果坏蛋卡住脖子可以装死。

④报信——树上开花，机智报警。

⑤搏斗——以强胜弱，搏斗还是顺从要看具体情况。

⑥放弃——丢卒保车，生命第一，财产第二。

⑦不叫——沉着冷静，不要引起坏人惊慌而导致激情杀人。

⑧捆绑——前胜于后，将双手伸于胸前，手略张开，即使捆得再紧放松后即可松开。

⑨不看——安定其心，告诉坏人没看他的脸。

⑩劝导——回心转意，可以试着和坏人交流。

2. 生命第一要记牢

自行车，新书包，
漂漂亮亮刚买到。
坏蛋抢去不硬拼，
生命第一要记牢。

案例

北京师范大学曾做过一个统计，中小学生大概有 20% 多经历过被偷、被抢。

统计与实验："学生被害性"

学生的被害性分为整体被害性和个体被害性，中小学生作为一个整体，具有防范意识淡薄、体力差的整体被害性；作为每个学生又有个体被害性，比如说女学生或者是富有的学生，穿着炫富的学生，被害性就会多一些。

学点理论："生命第一，财产第二"

在现代西方社会，警察与学校教育孩子们要重视个人的生命与生存的权利。例如，在宣传材料中，教育儿童在被抢劫犯罪侵害时，在敌强我弱的情况下，可以放弃财产从而保全自己的生命。这样做不但不会被大人批评，反而值得肯定。

王大伟提示

遇到抢劫，既要斗智又要斗勇，但中小学生主要以斗智为主，记住坏蛋特征，报告警察和家长。

3.遇到坏人可以骗

我家有个好宝宝，
诚实守信又可靠。
遇到坏人可以骗，
二小放牛立功劳。

案例

上午 10 点来钟，一个操外地口音的青年男子敲老刘家的防盗门，并称是“老家来的”。刘大妈开门后，一个理着寸头、穿黑背心的男子敲门进来的同时，身后还闪进另一名男子。黑背心男子一进门迅速用匕首顶住刘大妈，将她拽进屋里，并问她钱放在哪。与此同时，另一名男子用弹簧刀顶住刘大妈老伴的脖子。刘大妈灵机一动，称自己是刘家保姆，不知道钱放在哪。言语中她还透露：老刘的儿子马上就要回家吃饭。他们发现歹徒离开时已打开厨房的煤气。老两口小心地关上煤气，打开窗户，拨打 110 电话报警。

统计与实验：“骗人不对”

北京师范大学曾经做过一个调查，问五千八百个孩子，坏蛋可不可以骗，结果很多孩子说，老师说了骗人不对。

学点理论：儿童十大宣言

“平安成长比成功更重要。”教育儿童人人都有若干权利，如呼吸权、生命权、隐私权，这些权利任何人不能剥夺。告诉儿童，任何人也无权剥夺儿童的安全权。安全重于一切。

“背心、裤衩覆盖的地方不许别人摸。”儿童应当知道

身体属于自己，身体的某些部分应被衣服所覆盖，不许别人看，也不许触摸。儿童有拒绝亲吻、触摸的权利。

“生命第一，财产第二。”告诉儿童在遇到暴徒时有权获得朋友的帮助或坚决拒绝暴徒的要求。许多暴徒表面凶狠，内心却很胆怯，所以许多儿童齐心协力，一齐高喊：“滚蛋！”这通常能把坏人吓跑。万一遇到真正的身体威胁，儿童身小力薄，一般只能向坏人屈服。应告诉孩子，他们的身体安全比财产重要得多。

“小秘密要告诉妈妈。”向孩子保证，无论发生什么事情，只要孩子向父母讲明真情，父母都不会怪罪的，而且会尽力帮助孩子。

“不喝陌生人的饮料，不吃陌生人的糖果。”不喝陌生人的饮料，不吃陌生人的糖果。有权对毒品、烟酒坚决说不。

“不和陌生人说话。”孩子有权不和陌生人说话。当陌生人与孩子说话时，孩子可以假装没听见，马上跑开。生人敲门可以不回答，不开门。告诉孩子，对陌生人不理睬是对的，小孩没有能力帮助陌生人。

“遇到危险可以打破玻璃，破坏家具”。为了保护自己，儿童有权打破所有规章与禁令。告诉孩子，在紧急之中，他们有权大叫、大闹、踢人、咬人，甚至打破玻璃，破坏家具。司马光砸缸就是典型事例。

“遇到危险可以自己先跑。”遇到坏人、地震、大火，孩子应当果断逃生，拔腿就跑。自警、自救、自助，可以不要等大人指挥。

“不保守坏人的秘密。”告诉儿童，即使他曾发誓不告诉别人，但遇到坏人欺负一定要告诉家长，这些秘密千万不要埋藏在心里。

“坏人可以骗。”遇到坏人，可以不讲真话。机智应对，才是好孩子。

王大伟提示

遇到坏人，可以不讲真话。

第十一章 | 女孩安全

1.夏季多发强奸案

较为平安三月三，
四月五月往上窜。
夏季多发强奸案，
冬季侵财到峰巅。

案例

福建三个小女孩放学，来了个坏叔叔说带她们去看飞机，结果三个女孩都被性侵害了。

统计与实验："两条统计曲线"

公安大学曾经承担了一个国家级的课题，叫作"中国现阶段犯罪问题研究"，把建国以来所有的刑事案件都输入计算机，建立数学模型，这个工作做了五年，结果发现，

一年十二个月的气温走向曲线和全国强奸案的统计曲线基本吻合，二月气温最低，强奸案少发，八月气温最高，强奸案上升，这一发现，揭示了许多与性侵害案件相关的因素，比如夏天天黑的时间晚了，女孩子的警惕性低，比如，天气热，女孩子睡觉可能不关门窗，比如，天热女孩的衣着单薄，比如，青纱帐茂盛，便于犯罪分子接近被害人，这些因素的叠加，导致了性侵害案件上升。

学点理论：犯罪时间分布

一年 12 个月犯罪是不一样的。较为平安三月三，这个时候犯罪率不高。四月五月往上蹿，有一个农历节气叫惊蛰，雷一打，害虫就蠢蠢欲动，这叫四月五月往上蹿，这是第一次犯罪高峰。夏天的时候强奸案是最多的，性侵害案件最多，为什么呢？女孩穿的衣服多为瘦、露、透。夏天青纱帐长起来了，坏蛋易隐藏。好多女孩子睡觉的时候，不关门、不关窗户，都容易诱发犯罪。一到了冬天，春节前后，盗窃、抢劫、侵财案件就到了最高峰，大家就要提高警惕了。

> **王大伟提示**
>
> 掌握时空分布规律，防止犯罪侵害。

2.小熊小熊好宝宝

小熊小熊好宝宝，
背心裤衩都穿好。
里面不许别人摸，
男孩女孩都知道。

案例

有个妈妈，很有防范意识，生了一个小女孩，她很注意呵护女孩，把“小熊小熊好宝宝”这首平安童谣变成了手机彩铃，这样，孩子一两岁刚会说话，就会背这首歌谣了。

统计与实验

我们办过一个夏令营，找来一些8岁到10岁的孩子。拿来一个塑料的模特，就给孩子们红纸与绿纸，问孩子们，你觉得哪个地方不能够碰，就用红纸贴上，能碰的，就用绿纸贴上。孩子们都很聪明，十来岁的孩子把前胸、下面、肚子、屁股都给贴上红的。小孩子都知道这些地方不能碰。有趣的是，眼睛和嘴巴都给贴成红的，孩子们说眼睛不能碰，嘴巴不能碰，实际上也有道理。

学点理论：“犯罪免疫力”

平安的教育对孩子而言，就像打预防针一样，注射一点灭活病菌，就可以激发孩子全身的免疫力，适当地给孩子讲一点犯罪案例，可以提高孩子的防范意识，这就叫犯罪免疫力。

> **王大伟提示**
>
> 背心裤衩覆盖的地方不许别人摸。

3.小小秘密藏心里

小小秘密藏心里，
谁也不会告诉你。
坏人要是欺负你，
告诉妈妈要牢记。

案例

坏蛋欺负女孩，一般会说，这是咱们俩人的小秘密。

统计与实验：五千人的统计

北京师范大学做过一个调查，有 39% 的中小学生遭受过外人的打骂，而对女孩子而言，很多打骂都是性侵害，只是女孩子不知道罢了。

学点理论：个别教师犯罪人

个别教师，在学校性侵害女学生，虽然比例很低，但影响很大，他们打着生理检查、个别辅导等幌子，干了很多丑恶的事情。

王大伟提示

每个女孩子心里都有一点小秘密，一般是不会跟别人说的。但是不跟别人说，一定要跟妈妈说。尤其是受了欺负，放学回家以后，一定要跟妈妈说。

4.被性侵害后的救助

保守秘密找医生，
毛发体液要取证。
受到侵害告亲人，
平复心理再报警。

案例

一些女孩子被性侵害后，不知道向谁述说。

统计与实验："性侵害的隐案"

据统计，性侵害的隐案，是一比七，也就是说我们知道一起性侵害案件背后就可能还隐藏着六起。

学点理论：被害人救助

现代西方有强奸救助中心，从生理、心理和法律三个方面对被害人进行救助。

王大伟提示

第一，生理救助。被害以后要告诉亲人，同时要去找医生，取证的方面有：毛发、精斑、体液、抓痕和现场遗留物，要把它们保存好。

第二，法律救助。要有专门的人给你讲怎么报案，在整个审理过程中，特别是中小学生，是严格保密的，姓名和真实身份是不允许向外界透露的。

第三，心理救助。包括家庭的关怀，心理的救助和志愿者的交谈。在国外有性侵害救助中心。

5.四喊——遇到坏人要流泯

男友在旁高声喊，二三女友高声喊，
白天高峰高声喊，旁有军警高声喊。
路见不平一声吼，该出手时就出手。

案例

公车色狼。公车性骚扰有十种丑恶现象；

（1）“咸猪手”，即在车上，公开或隐蔽地对女性动手动脚。（2）“抓老顶”，又叫擦火柴，即用下身顶擦女性，这是公车性骚扰最多、最丑恶的一种。三十年前公汽上专门有抓老顶的警察。（3）“口水虫”。变态者用舌头和口水浸湿女性拉车把的手或肩的衣袖。（4）“女擦男”。据说有许多男士在公车上遇到过性骚扰。（5）“没站稳。”利用汽车颠簸与惯性达到丑恶目的。（6）假情侣。以亲密人体动作达到假情侣的假像。（7）假扒手。假扒手揩油。（8）推车党。假装推人上车，手触背后女性敏感部位。（9）吹气鬼。性骚扰者身高比你高，在你头顶不停地闻你头发、在你耳后吹气并发出很陶醉声响者。（10）同性色狼。即公车上的同性骚扰。

统计与实验：“性侵害案件隐案”

性侵害的隐案的比例很高，某报社曾经做过一个统计，在十二万被访者中，有四万声称曾经直接或间接地遭受过性骚扰。

学点理论：“染色体异常”

犯罪生物学观点认为，极少数的性侵害案件与生理因素有关，比如有一个强奸犯，被判刑入狱十五年，上午放出来下午就有实施了性侵害。经过检查发现，他的染色体是 xyy，而一般男性的染色体是 xy，当然，犯罪的生理原因在犯罪的成因中占的比例很小。

三慎喊

天黑人少慎高喊，
孤独无助慎高喊，
直觉危险慎高喊，
斗智斗勇智为先。

王大伟提示

首先要喊，叫路见不平一声吼，该出手时就出手。对于那种混水摸鱼的，对于那种想占小便宜的，要坚决地斥责，坚决地给他一个大嘴巴。那么我们说“四喊”是什么呢？男朋友在的时候要喊，那小子想占点便宜，没门。男朋友又高又大，那坚决要喊，要让男朋友知道。这是第一喊。

第二喊女友在的时候要喊，比如说三四个小女孩一块儿上街，一块儿挤公车，几个小伙伴，大家一条心，再大的色狼我们也不怕，这个时候我们要喊。白天的时候、高峰的时候我们要喊，白天的时候人多，人间都有正气，在这个时候你一定要喊。再有一个是旁边有军警的时候要喊。

第三慎喊。天黑人少慎高喊，车上没几个人，天又黑，你一喊容易引起犯罪分子激情伤人、杀人。孤独无助慎高喊，直觉危险慎高喊，斗智斗勇智为先。女孩子都有直觉，从小女孩子就培养成这种直觉，如果说你一上车，看见有三四个彪形大汉，醉醺醺的，这个时候他要上来占你点便宜，你要一高喊，那对你非常的不利。所以我们说，喊和不喊有一个原则，就是以不伤害女孩子的身体为根本。

第十二章 绝处逢生十大绝活

1.一人上学术

一个人，上学校，
问我什么不知道。
低下头，快点走，
前边追上小朋友。

目的：教小学生独自上学、安全上学。

适用：一年级到三年级的小学生。

动作：第一，两手触摸肩头模仿背书包动作；第二，挥动左手做出拒绝的动作；第三，低下头双手左右摆动模仿快跑的动作；第四，左手猛地伸向前方，做出追赶前面小朋友的动作。

警语：尊重大人，但独自上学路上，不和陌生人说话。

2.二龙戏珠术

路遇坏人走夜路，
转身左手抓把土。
扬土插眼踢裆部，
人称二龙在戏珠。

目的：绝处逢生，给色狼以致命一击。

适用：中学以上女孩有一定的反抗能力。在遇到色狼的时候，能跑尽量跑，

如果跑不了，被他堵在死胡同或电话亭里时，就要绝地反击，拼死搏斗。

动作：妈妈教给女儿的秘密叫作“二龙戏珠”：第一招，坏蛋一扑过来的时候，让他越近越好，叫“打架如亲嘴”，越近力量越大。坏蛋一下扑过来，你马上往后退一步，左手抓一把土，一下扬到他的眼睛上；第二招，用右手两指抠他的眼睛；第三招，用右膝盖猛顶他的裆部。

警语：撒土、插眼、踢裆三个动作一气呵成，相互连贯，两秒钟发起三次攻击，百战百胜（小男孩切不可学此招去打架）。

3.火灾逃生术

火灾来了拔腿跑，
弯腰捂嘴向下逃。
逃跑不能乘电梯。
困住挥手大声叫。

目的：教中小学生一个遇到火灾逃生的万能公式。

适用：适用于中小学生和成人。

动作：一是两手前后摆动做奔跑动作。二是弯腰用右手捂住口鼻，左手向下挥动像砍刀一样表示向下跑的动作。三是直起腰来右手摆动做不能乘电梯的表示。然后左手向高处挥舞，口中发出“救命啊！救命啊！”的呼救声。

警语：弯腰、捂嘴、往下逃，这三个动作是火灾中的救命口诀。

4.发现尾随术

身后有人很可疑，
走到马路对面去，
要是他又跟过来，
拔腿就跑莫迟疑。

目的：女性走夜路及时发现坏人摆脱色狼。

适用：适用全部女生。

动作：一是向前行进时不停地回头观察后面的陌生人。夜间女孩行走时身子要略向后侧，形成三十度夹角以便观察后面的尾随者。二是走到马路右边如果尾随者跟着走过来，再走向马路的左边。三是如果尾随者又跟过来，这说明他就是色狼，这时就要果断逃生，毫不犹豫。

警语：走到马路对面去，是识别尾随者的最有效的方法。

5.木棍对刀术

遇险忙把木棍找，
猛砍脑袋狠为要，
随手再把裤裆挑，
后退一步把心掏。

目的：遇到恐怖袭击者手持砍刀疯狂砍人，成年人的自警自救技能。

适用：有一定体力的成年男子。

动作：这是过去抗日战争中，八路军对付日本鬼子的夺命三招。当暴徒持刀疯狂砍人时马上就近找一根木棍或铁棒握在手中。一是双手持棍由右向左瞄准歹徒头部以四十五度角猛砍歹徒的头和脖子，这叫“刀劈鬼头”。二是“断子绝孙”，如果歹徒躲过第一招刀劈鬼头棍子落到了歹徒的脚下，顺势用棍子由下而上猛挑歹徒裆部。三是“黑虎掏心”，如果歹

徒又躲过了第二招断子绝孙则双手持棍瞄准歹徒的胸部和胃部，用力刺杀过去，这

叫黑虎掏心。三招必须连贯，三秒钟发起三次攻击，犹如程咬金的三板斧使歹徒无法防范。最好在刺杀中发出声响借以震慑歹徒。

警语：这三招是日本鬼子最害怕的招数，也可以用来对付任何穷凶极恶的敌人（小男孩切不可学此打架）。

6.女士背包术

女士包背里肩，
一只手护腰间，
分装钥匙和名片，
生命第一记心间。

目的：女孩背包防止抢劫。

适用：所有女性。

动作：一是辨别里肩和外肩，外肩是向马路的那一侧人多的那一侧叫外肩，向着人行道的这一侧叫里肩。二是将书包带背在里肩并用手护在腰间。三是左手左右挥舞表示不要把钥匙名片等贵重物品都放在书包里。最后高喊生命第一记心间。

警语：生命第一，财产第二。

7.公车防狼术

四喊——遇到坏人要流氓

男友在旁高声喊，
二三女友高声喊，
白天高峰高声喊，
旁有军警高声喊。
路见不平一声吼，
该出手时就出手。

三慎喊

天黑人少慎高喊，
孤独无助慎高喊，
直觉危险慎高喊，
斗智斗勇智为先。

目的：女孩公车防性骚扰。

适用：所有女性。

动作：右手猛地扇向色狼，同时大喊“臭流氓”，给色狼以巨大的心理威慑。

警语：天黑人少的时候要赶快下车不要和色狼纠缠。

8.地震逃生术

地震只有十几秒，
平房拔腿向外跑，
楼房躲在小房间，
厕所厨房桌子角，
暖气木床衣柜边，
近水远火很重要。

目的：地震逃生。

适用：中小学生及全体公民。

动作：立正站立，一是举右手伸出两个指头，口里念到地震只有十几秒。二是两手左右摆，表示楼房不用往外逃。三是两手在胸前摆成三角，表示小房间。四是右手依次伸出一、二、三，三个指头口中念厕所厨房桌子角。五是下蹲表示藏在衣柜边，六是右手先近后远在胸前摆两个动作，表示近水远火很重要。

警语：地震来的瞬间要区别平房和楼房，如果是平房，则迅速往外逃。

9.谨防性侵术

小熊小熊好宝宝，
背心裤衩都穿好。
里面不许别人摸，
男孩女孩都知道。

目的：教幼儿园及小学低年级学生认识男女性别差异。

适用：幼儿园及小学低年级学生。

动作：立正站立，一是口中念小熊小熊好宝宝，双手做抱小熊的动作。二是双手由上而下做两个动作，先摸背心再摸裤衩。三是举起右手口中念到里面不许别人摸。四是双手举过胸前，做两个动作，一个是男孩光头的动作一个是女孩梳小辫的动作。口中念男孩女孩都知道。

警语：背心裤衩覆盖的地方不许别人摸。

10.预防绑架术

斗智斗勇智为先，
多听多看记心间。
要吃要喝足睡眠，
争取同情适度谈。
学会留下小标记，
拔腿就跑要果断。

目的：预防绑架和劫持。

适用：所有公民，特别是中小学生。

动作：立正站立，一是口念斗智斗勇智为先。二是右手先放到耳边手搭凉棚，然后念多听多看记心间。三是做喝水和吃饭的动作，口念要吃要喝足睡眠。四是两手握在一起口念学会留下小标记。五是丢掉手中的书。六是拔腿就跑，同时念童谣的最后两句。

警语：平时不惹事，遇上事不怕事。

大伟平安操曾经在北京一些中小学校中普及，受到老师和同学们的欢迎。有的学校早晨起来升完国旗就做大伟平安操。有的家长，在周末或节假日带孩子到公园或绿地玩耍时也有意识地教孩子们做一些平安操的动作。西方犯罪学家统计，人一生要遭受三次犯罪侵害四次自然灾害，所以学习一些在突发事件面前自警、自助、自救的小技能对孩子是非常重要的。